FACULTÉ DE THÉOLOGIE DE PARIS.

OUVERTURE DES COURS

LE 30 NOVEMBRE 1868.

RAPPORT DE MGR L'ÉVÊQUE DE SURA

DOYEN DE LA FACULTÉ;

DISCOURS DE M. L'ABBÉ LOYSON

PROFESSEUR A LA FACULTÉ;

ALLOCUTION DE MGR L'ARCHEVÊQUE DE PARIS.

PARIS.

TYPOGRAPHIE DE JULES DELALAIN

IMPRIMEUR DE L'UNIVERSITÉ

RUE DES ÉCOLES, VIS-A-VIS DE LA SORBONNE.

1868.

Le lundi 30 novembre, à la Sorbonne, a eu lieu la cérémonie de l'ouverture de la Faculté de théologie. Elle était présidée par Mgr l'archevêque de Paris, assisté de M. Lagarde et de M. de Cuttoli, ses vicaires généraux. Une messe basse a été célébrée à midi par M. Bargès, le plus ancien professeur de la Faculté.

Une illustre assemblée remplissait l'église de Richelieu. Mgr Maret, évêque de Sura, doyen de la Faculté, était à la stalle d'honneur. Mgr l'ancien évêque de Pamiers et le vénérable Mgr Buquet occupaient des places réservées. Les professeurs et les docteurs de la Faculté, un clergé nombreux, particulièrement les supérieurs et les directeurs des écoles ecclésiastiques, remplissaient le chœur. Entre autres on distinguait le P. Hyacinthe, M. Cognat, supérieur du petit séminaire, des curés, des chanoines de Paris et de Saint-Denis, MM. les aumôniers en chef de la marine et de l'armée de terre, et un grand nombre de membres du clergé de Paris.

M. le Ministre de l'instruction publique, entouré de personnages éminents dans l'enseignement et dans les lettres, assistait à la fête. Nous avons remarqué près de lui M. le recteur Mourier, M. le secrétaire général de l'instruction publique, M. Patin, de l'Académie française,

M. Hamille, directeur des cultes, et M. Goupy, chef du cabinet du ministre de la justice et des cultes.

Mgr Maret a lu un rapport très-intéressant sur les travaux de la Faculté de théologie durant l'année 1867-1868. Il a d'abord expliqué en termes heureux et délicats la nature des cours; puis il a passé aux examens, et surtout aux deux doctorats récemment conférés. De justes regrets ont été donnés aux deux collaborateurs qu'a perdus la Faculté de théologie, le respectable M. Jager et le jeune M. Vollot. Mgr de Sura, d'une voix émue, a parlé du rare talent et de la grâce charmante de M. Vollot. L'auditoire entier s'est associé aux sentiments pénétrants de l'éminent orateur.

M. l'abbé Loyson, professeur, chanoine honoraire, a pris ensuite la parole. Dans un brillant discours, il a fait voir quel est le rôle de la raison dans la science théologique, et comment s'allient harmonieusement l'esprit humain et la foi divine. M. Loyson a prouvé combien était juste l'éloge que venait de lui adresser Mgr Maret en disant que « *la gloire fraternelle l'honore sans l'effacer.* » On sait que le P. Hyacinthe est son frère.

Dans une forte, touchante et splendide improvisation, Mgr l'archevêque de Paris a montré l'alliance possible et nécessaire de la religion avec la raison, la liberté, la science et le progrès. Il a tenu et laissé sous le charme de sa rare éloquence tout cet auditoire d'élite.

Le Secrétaire de la Faculté de Théologie,

L'ABBÉ G. BAZIN, *ch. hon.*

Rapport sur l'enseignement et sur les actes de la Faculté de théologie pendant l'année 1867-1868.

Cours de théologie dogmatique.

Continuant l'analyse des attributs de Dieu qu'il avait commencée l'année précédente, le professeur a démontré l'unité du souverain Être et réfuté les erreurs qu'impliquent le dithéisme et le polythéisme. Il s'est d'abord proposé de combattre les hypothèses du rationalisme sur l'origine et sur la nature des religions païennes. Dans ce but, il a établi que les temps primitifs n'offrent pas une période fétichiste et que le monothéisme a été la première religion de l'humanité. Étudiant ensuite les monuments des grands peuples de l'antiquité, et saisissant, pour ainsi dire, sur le fait les altérations d'où sont nées les croyances polythéistes et idolâtriques, le professeur a montré que les mythologies sont une dégénérescence qui a eu pour cause occasionnelle, générale, des applications fausses ou des déviations d'une révélation primitive, dont les divers peuples avaient conservé quelques vestiges. Il a examiné, de ce point de vue, les principales formes que cette révélation a revêtues chez les Chamites et les Sémites. Le culte védique, le brahmanisme et le bouddhisme ont aussi été l'objet d'une étude spéciale. Les dernières leçons du cours ont été employées à une critique générale des systèmes que les mythographes anciens et modernes ont imaginés, pour expliquer l'existence et la nature des religions polythéistes.

Cours de morale évangélique.

Le texte des leçons du professeur de morale a été le sermon sur la montagne, et en particulier la doctrine que l'Église a déduite de ce divin sermon touchant la *pauvreté* et la *richesse*.

Après avoir fait ressortir l'importance extrême de cette question, qui a de tout temps divisé les philosophes, préoccupé les politiques et provoqué l'intervention de la religion, le professeur a donné une analyse sommaire des préjugés contemporains contre la doctrine évangélique, relativement à l'usage des biens de ce monde. Il a exposé ensuite la doctrine de l'Évangile sur la coexistence du pauvre et du riche. De cette étude est ressortie cette triple conclusion : 1° que, selon l'Évangile, la richesse en soi n'est pas un mal; 2° que la pauvreté en soi n'est pas un bien; 3° que la coexistence du pauvre et du riche dans la société n'est pas le résultat d'une injustice ou d'une imperfection sociale, mais qu'elle est l'œuvre de Dieu et une manifestation visible de sa providence. Le professeur ne pouvant établir cette doctrine sans avoir à réfuter une multitude d'objections tirées des ouvrages de beaucoup de philosophes contemporains, il a fallu démontrer, contre les uns, que les textes de l'Évangile et des Pères où l'on prétendait voir le communisme étaient mal compris par eux; contre les autres, il a fallu faire voir que ce n'est point par l'effet d'une sage politique que l'Église aurait abandonné son communisme primitif, pour rentrer enfin dans le droit naturel. La nécessité de réfuter ces erreurs a amené l'exposé de la doctrine de saint Augustin, de saint Thomas et des grands théologiens sur le droit de propriété, et la discussion des faits historiques allégués par les adversaires au profit de leurs thèses. Après avoir justifié la doctrine évangélique en tout ce qui touche le droit de propriété, le professeur a dû aborder les questions relatives au devoir du riche et du propriétaire. Il a été amené par la logique de son sujet à présenter l'enseignement évangélique sur le *renoncement*, le *détachement* et la *pauvreté en esprit*. Alors s'est présentée la distinction essentielle entre le précepte et le conseil. Le professeur a dû justifier, contre les vives attaques de ses détracteurs, la théorie des conseils évangéliques. Loin d'être contraire à la raison et d'amoindrir la nature humaine, la théorie des conseils est celle même de l'héroïsme et de toutes les grandeurs morales, de tous les dévouements chrétiens et humains. Retrancher de la société la pratique des conseils évangéliques, ce serait non-seulement mutiler l'Évangile, mais mutiler l'homme lui-même. Les vrais principes établis, il a été facile de justifier aux yeux de la raison, et sans blesser aucune des légitimes exigences de l'ordre naturel, la préférence si éclatante, si accentuée donnée par Jésus-Christ non pas aux pauvres sur les riches, mais à la pauvreté sur la richesse, au sacrifice généreux des biens de ce monde sur leur usage même saint et légitime. Ce n'était pas assez d'exposer et de justifier aux yeux de la raison les théories évangéliques; le professeur a demandé à l'histoire et aux faits la confirmation de tous ces principes. Dans ce but, il a montré la richesse naissant dans les sociétés chrétiennes de la pratique du renoncement évangélique, et décrit le rôle providentiel que la pauvreté religieuse, la pauvreté absolue, joue dans l'économie générale de la société.

Le second semestre a été rempli par une seule question, celle du *travail*. Cette question se rattachait naturellement au plan général des études du professeur, en ce sens que le travail lui apparaissait comme l'application la plus pratique et la plus universelle, en même temps que la plus féconde, du principe général du renoncement évangélique imposé à tous les hommes. Après avoir exposé la théologie du travail, telle qu'elle ressort de nos livres saints, et réfuté les opinions erronées sur ce point qui remplissent les livres et les journaux des rationalistes contemporains, il a consacré plusieurs leçons à l'histoire du travail. Il a montré le travail en constante décadence jusqu'à l'avénement de Jésus-Christ, c'est-à-dire de la doctrine du renoncement. A partir du sermon sur la montagne, au contraire, nous voyons le travail se relever, le travail esclave faire place au travail libre, se développer, croître, sous l'action de l'Église, en même temps que la moralité humaine. Ce progrès n'a cessé de grandir et il s'est visiblement accompli sous l'action et l'influence du christianisme agissant de trois manières différentes : 1° au moyen des idées émises par l'Église aussitôt qu'elle a la parole ; 2° au moyen des exemples donnés par elle, et spécialement par les ordres religieux, aussitôt qu'elle a des disciples ; 3° au moyen des actes accomplis et des lois faites par elle aussitôt qu'elle a la puissance. Arrivant au temps moderne, le professeur a constaté les dangers que faisait courir au travail le retour à certaines théories et à certaines pratiques toutes païennes. Il a signalé en particulier les effets désastreux du travail du dimanche. Il a terminé son cours en présentant un tableau d'ensemble sur la situation contemporaine au point de vue du travail, et essayé de montrer, sous ce rapport, ce que la société moderne avait à craindre et ce qu'elle avait à espérer de l'avenir.

Cours d'histoire ecclésiastique.

Le professeur a poursuivi le cours des études qu'il avait commencées l'année dernière sur la réforme et les réformateurs au seizième siècle. Après avoir tracé le tableau de l'état intellectuel, moral et religieux de la société française au commencement de ce siècle, et particulièrement sous le règne de François Ier, il a raconté, d'après les documents contemporains, les premières années de Calvin et les débuts du protestantisme en France. Il a donné une attention toute particulière à un projet d'union entre les deux Églises, qui a mis en rapports directs François Ier et Mélanchthon, au moment même où Calvin et saint Ignace de Loyola se rencontraient à Paris. Il a fait voir, par les documents diplomatiques insérés dans la grande collection allemande du *Corpus Reformatorum*, pour quelles causes ce projet avait échoué. Il a suivi Calvin de Paris à Strasbourg, à Bâle, à Ferrare, puis enfin à Genève. Après avoir montré comment, sous le gouvernement de ses princes-évêques aux douzième, treizième et quatorzième siècles, Genève avait été une des cités les plus libres et les plus florissantes de l'Europe occidentale, il a raconté les circonstances dans lesquelles le protestantisme y avait pénétré. Une fois Calvin établi à Genève, le moment était venu d'exposer l'ensemble de ses idées, et de faire connaître sa théologie, en l'étudiant particulièrement dans le livre de l'Institution chrétienne. Les luttes de Calvin contre le parti des libertins et contre Servet ont été le sujet des dernières leçons du cours, terminé par une appréciation générale de Calvin, envisagé à la fois comme réformateur religieux et comme écrivain.

Cours de droit ecclésiastique.

Le professeur poursuivant ses études sur la législation civile ecclésiastique en France, a examiné successivement les divers actes faits en cette matière par les princes de la dynastie capétienne, en particulier Philippe Auguste, saint Louis et Philippe le Bel. Il s'est trouvé là en face des questions les plus graves et les plus solennelles, le développement du pouvoir pontifical, ses luttes avec la royauté, les pragmatiques, les origines des parlements et de ces coutumes locales qui ont été si ardemment défendues par nos vieux canonistes. Il a cherché à éclairer tous ces faits de la lumière de la vérité et de l'impartialité, et il s'est efforcé de les juger de manière à ne rien taire des droits de la papauté, sans sacrifier cependant les droits des peuples et de la souveraineté temporelle.

Cours d'hébreu.

Le professeur de langue hébraïque, toujours fidèle à l'excellente méthode qu'il a adoptée, a expliqué alternativement la Genèse et le prophète Jérémie.

Cours d'éloquence sacrée.

Le professeur a achevé, pendant cette année, d'étudier le traité d'Origène contre Celse. Après quoi, il a examiné les écrits des apologistes chrétiens, successeurs de Tertullien et de saint Cyprien. Trois hommes, remarquables à divers titres, s'offraient à lui dans le groupe d'écrivains dont les œuvres se rapportent à la controverse finale du christianisme avec les religions polythéistes : Commodien, Arnobe et Lactance. Les poëmes apologétiques de Commodien lui ont fourni l'occasion d'apprécier les premiers monuments de la poésie latine dans l'Occident chrétien. En analysant les écrits d'Arnobe, il a dépeint la situation des esprits à la veille du triomphe de l'Église sous Constantin, en même temps qu'il a constaté la transformation qu'avait subie la langue latine sous la plume des auteurs chrétiens du troisième siècle. Mais c'est aux œuvres de Lactance qu'il s'est attaché tout particulièrement pour montrer à quel degré de correction et de pureté relative la littérature latine s'était élevée sous l'influence des prosateurs chrétiens. Ces belles productions de l'éloquence sacrée ont fait l'objet de son cours pendant le second semestre.

L'affluence des auditeurs qui continue toujours à fréquenter nos cours, et en particulier ceux d'histoire ecclésiastique, de droit canonique, d'éloquence sacrée, prouve combien un public d'élite apprécie l'élévation, la sagesse et l'utilité de l'enseignement que donne notre faculté. Espérons que tant d'efforts ne sont pas perdus pour le bien et le salut des âmes. Les convictions chrétiennes peuvent seules aujourd'hui combattre les effets désastreux des doctrines négatives. Que la faculté soit toujours un foyer d'où rayonne, au sein du sanctuaire des sciences humaines, la pure lumière de la vérité religieuse et morale!

Actes de la faculté.

Nous avons à enregistrer, cette année, 91 inscriptions pour les grades théologiques, et 482 inscriptions d'étudiants en droit pour l'assistance aux cours; en tout 573 inscriptions.

Dix-sept examens ont été passés devant la faculté : 7 pour le baccalauréat, 8 pour la licence, 2 pour le doctorat.

Douze grades ont été conférés : 7 baccalauréats, 3 licences, 2 doctorats.

Thèses.

La faculté, lorsqu'elle désigne les sujets des thèses du doctorat, se propose surtout de faire travailler les candidats sur les questions agitées de nos jours, afin de préparer aux vérités éternelles et chrétiennes de dignes défenseurs. C'est par l'effet de cette direction, suivie depuis 1854, que la série de nos thèses de doctorat, qui forme une collection de quinze volumes in-8°, présente une grande variété et une grande utilité de questions. Cette année, M. l'abbé

Lambert, vicaire à la paroisse Notre-Dame des Victoires, à Paris, a traité dans sa thèse du déluge mosaïque, surtout au point de vue de l'accord de la science avec la foi. Préparé à l'étude de cette question par des travaux scientifiques considérables, et d'où sont sortis des ouvrages élémentaires de géologie, de minéralogie, d'histoire naturelle, très-répandus et adoptés dans un très-grand nombre d'établissements d'instruction publique, M. l'abbé Lambert a montré avec succès que le déluge noachique avait pour lui le double témoignage de l'histoire et de la science géologique elle-même.

La critique des saints livres qui forment le trésor divin des chrétiens est devenue, de nos jours, un champ de bataille où s'agitent les questions les plus vitales, les plus décisives. La faculté ne néglige aucune occasion d'attirer sur ce terrain tant disputé ses jeunes milices. M. l'abbé Deramey, vicaire à la cathédrale d'Amiens, a parfaitement compris quel immense intérêt, quel intérêt capital s'attache à l'Évangile de saint Jean et à toutes les questions que la critique moderne soulève au sujet de ce grand monument de notre foi. Il a consacré à l'examen et à l'élucidation de ces graves questions un volume de 567 pages. Plusieurs de ces questions y ont été traitées avec bonheur. Le jeune écrivain s'est acquis des titres à la bienveillance de ses supérieurs ecclésiastiques, et il promet à l'apologétique chrétienne un utile champion.

Des changements notables se sont opérés dans notre faculté. M. l'abbé Gratry, dont le nom est toujours pour elle une gloire et une force, ne sera plus suppléé par son honorable ami et confrère M. l'abbé Lescœur. L'analyse que je vous ai présentée du cours du savant oratorien pendant l'année dernière dit assez tout ce que nous perdons. D'autres occupations appellent notre honoré et regretté collègue.

M. l'abbé Fabre d'Envieu, déjà suppléant dans notre faculté, a été nommé professeur titulaire d'Écriture sainte. De vastes connaissances philologiques et exégétiques le désignaient au choix de l'Empereur.

M. l'abbé Théodose Loyson, qui enseignera la morale et qui va me succéder dans cette chaire, était aussi désigné par des travaux utiles et des succès oratoires dans le ministère évangélique. Il porte un nom cher aux lettres, cher à l'Université, et la gloire fraternelle l'honore sans l'effacer.

Nos deux jeunes suppléants sauront également justifier les espérances placées en eux.

En parlant des changements introduits dans notre faculté, puis-je oublier que la mort aussi a frappé ses coups autour de nous. Un de nos anciens collègues, retiré de l'enseignement depuis plusieurs années, et avant sa retraite professeur d'histoire ecclésiastique, M. l'abbé Jager, a terminé dans une vieillesse avancée une laborieuse et honorable carrière. Mais à côté du vieillard est tombé le jeune homme. Une jeune existence qui semblait préparée pour la science a pris fin prématurément; une de nos chères espérances nous a trompés : à la fleur de son âge, dans la fraîcheur d'un talent élevé et dont la solidité ne faisait rien perdre à la grâce, M. l'abbé Vollot a été enlevé à un père respectable, à une famille honorable, à la faculté qui était devenue sa seconde famille. L'année dernière, j'annonçais que le jeune professeur signalerait son passage parmi nous par d'utiles travaux : je n'ai à vous offrir, cette année, que des regrets et des larmes. Dieu nous avait donné ce pieux, ce charmant jeune homme; il nous l'a ôté : que son saint nom soit béni ! Cette âme pure n'avait connu qu'une seule passion, celle de la vérité. Il est allé la chercher et la contempler à sa source, comme il le disait lui-même quelques jours avant sa mort. Il la possède cette vérité, il en jouit! Que cette pensée soit la consolation de son père et celle de ses amis!

Discours de M. l'abbé Loyson.

Messeigneurs, Monsieur le Ministre, Messieurs,

Lorsque l'on visite les chambres du Vatican décorées par le pinceau de Raphaël, on s'arrête principalement devant deux grandes scènes, émerveillé et ne sachant lequel il convient d'y admirer davantage, ou de la conception idéale, ou de la mise en œuvre. Je veux parler de la *Dispute du Saint-Sacrement* et de l'*École d'Athènes* : poëmes héroïques en l'honneur de la Théologie et de la Philosophie, au frontispice desquels l'artiste, par une méfiance aussi heureuse dans son résultat qu'illégitime dans son motif, a gravé le nom et le portrait de ces deux sciences maîtresses de la vie. Fièrement et fermement assise entre les symboles de la haute antiquité, la Philosophie tient sur son genou gauche le livre de la nature et celui de la morale; d'un geste résolu elle les présente au monde, tandis que de son regard tourné vers la droite elle interroge et pénètre les profondeurs de la métaphysique. A gauche et à droite, deux génies s'éloignent d'un pas laborieux. Le premier, celui de gauche, vivement éclairé, l'œil fixé sur les livres et sur l'auguste personnification avec une expression mêlée de reconnaissance et de curiosité, emporte le mot *Cognitio*, « connaissance ». Le second marche dans la direction du regard de la Philosophie. Sa face est noyée dans une ombre mystérieuse; ses épaules se voûtent et sa poitrine se gonfle sous l'effort; on dirait d'un lutteur déjà aux prises, et à la fois d'un plongeur prêt à se jeter dans l'Océan; son bras vigoureux, replié sur sa tête, étreint un cartouche chargé du mot *Causarum*, qui achève la définition. Car le but de la Philosophie est la connaissance des causes. Une nuée occupe la base du tableau, comme pour marquer l'origine divine de la raison humaine. Quant à la Théologie, elle a également pour support une nuée, mais une nuée plus céleste, qui lui sert tout ensemble de piédestal et de siége, sans qu'elle paraisse pour cela moins solidement assise. Sa main gauche est appuyée sur la Bible, et du même côté, qui est le côté du cœur, elle darde un regard doux et pur sur l'objet invisible des révélations de l'éternel Amour. De sa main droite elle montre la terre, vers laquelle son voile flottant et son attitude sensiblement inclinée indiquent qu'elle descend, dans l'intégrité de sa majestueuse assurance. Autour d'elle, ce ne sont plus des génies. Mais deux anges, aux ailes déployées, à la démarche légère, portent joyeusement le nom de celle qu'ils contemplent et qu'ils accompagnent : *Notitia divinarum rerum*, « la science des choses divines ». La nuée elle-même semble animée du même mouvement. Dans le médaillon de la Philosophie, tout est terrestre, ou à peu près. Tout est céleste dans celui de la Théologie.

C'est la distinction même établie par saint Thomas entre ces deux sciences. « L'objet propre de la science sacrée, nous dit-il, est Dieu envisagé comme la cause la plus haute, non-seulement au point de vue sous lequel les créatures nous le rendent accessible, et sous lequel, au témoignage de saint Paul, les philosophes l'ont connu, mais encore, et surtout, dans ce qu'il connaît seul de lui-même et qu'il a communiqué aux autres par la révélation[1]. » Si donc mon dessein était de tracer la limite où finit le domaine de l'une, où l'empire de l'autre commence, je n'aurais qu'à interpréter fidèlement la pensée identique du grand peintre et de l'illustre docteur. Mais tout, ici, me convie à affirmer moins la séparation que l'alliance. Ne sommes-nous pas, en effet, ici sur la terre classique de cette alliance? N'est-ce pas sur cette colline studieuse que l'Université de Paris a pris racine, et que, s'alimentant de toutes les sciences humaines et de la science divine, elle a tiré de cette double séve son incomparable éclat et sa fécondité sans rivale? Héritière de ces antiques traditions rajeunies, l'Université de France n'a point déserté cette patrie sécu-

1. *Summa theologica*, P. I, q. I, art. 6, in corp. art. : « Sacra autem doctrina determinat de Deo secundum quod est altissima causa; quia non solum quantum ad id quod est per creaturas cognoscibile (quod philosophi cognoverunt, ut dicitur Rom. I : Quod notum est Dei manifestum est illis), sed etiam quantum ad id quod notum est sibi soli de seipso, et aliis per revelationem communicatum. »

laire. C'est au milieu de tant de souvenirs, à l'ombre de ces murs qui en sont le glorieux monument, que sa piété filiale a voulu dresser ses chaires les plus hautes, et qu'elle se plaît à distribuer aux modernes générations ses enseignements, comme sous l'œil des aïeux. Malgré la diversité des circonstances et de l'organisation, elle ne cesse point de porter dans son sein, comme deux jumeaux qui se combattent parfois, mais qui profitent à ces luttes, le mouvement scientifique et le mouvement théologique. Et cette Faculté, qui m'accueille en dépit de mon insuffisance parmi ses éminents professeurs, toujours en possession du premier rang, n'est-elle pas la preuve vivante que, dans l'Université de France, cette alliance n'est répudiée ni par les sciences profanes ni par la science sacrée ?

Ah ! si je pouvais la méconnaître, mon sang lui-même protesterait. Il susciterait contre moi l'ombre accusatrice de devanciers qui me sont personnellement chers, et qui n'ont péri, je le sais, ni dans la mémoire de cette Faculté, ni dans celle de l'Université. Choisi sans autres titres que ceux-là par deux prélats, dont l'un gouverne l'Église de Paris avec une modération si intelligente et si noblement soutenue, dont l'autre avec tant de savoir et tant de fermeté préside à nos travaux, je trahirais encore la seule ambition que je puisse nourrir, celle d'unir, à leur exemple, la pureté de la foi, le culte du vrai et du bien sous toutes leurs formes, l'inébranlable élévation du caractère. Non, je n'oublierai ni ces modèles, ni mes ancêtres universitaires, ni, j'ose le dire, les convictions persévérantes d'une vie parvenue déjà à beaucoup plus de la moitié de sa course probable. Je n'oublierai pas davantage ce que le Ministre, qui m'ouvre les portes du haut enseignement, a compris : que vulgariser la science est le plus sûr moyen de servir la cause de son pays, de l'humanité, j'ajoute, de la religion. Tâche digne de tous les suffrages et de tous les concours, lorsque, pour s'étendre, la science n'égare point ses directions et n'abaisse point son niveau.

Le théologien ne saurait mieux y travailler en ce qui le concerne, surtout au temps où nous vivons, qu'en appelant la raison à son aide. Utile à ce point de vue, ce recours est, d'ailleurs, autorisé et même commandé par la nature des choses. La notion même de la théologie en fait foi : on ne peut être théologien si l'on n'est point philosophe; car la théologie n'est que la spéculation de l'esprit humain sur la vérité révélée. A l'esprit humain il appartient de rechercher et de mettre en évidence le fondement rationnel de la foi. A lui encore de résoudre les objections auxquelles peut être en butte l'essence de nos différents dogmes. A lui enfin d'amener, par une intelligence progressive des formules, l'épanouissement de plus en plus complet de la lumière contenue dans la révélation. La raison, avec ses forces naturelles et ses procédés propres, est donc l'instrument essentiel de la théologie. Sans elle, la théologie pécherait par la base; elle serait sans défense; elle n'aurait point de vie, réduite à se contenter de la lettre du symbole ou à s'évanouir en divagations chimériques.

Telle est, messieurs, la vérité, trop obscurcie de nos jours, qu'il m'a paru convenable de proclamer dans cette solennité, et dont je sollicite de cette assemblée la faveur de lui présenter un exposé succinct. Cet exposé nous permettra de déterminer les conditions générales du progrès théologique.

I.

Otez le fait de la révélation, il n'y a plus lieu à la théologie. Solitaire en face d'elle-même, la raison ne peut s'exercer que sur les vérités dont elle trouve en soi le rayonnement primordial, et dont la nature lui propose l'énigme dans un splendide, mais difficile langage. Réfléchir ces rayons pour mieux les étudier, les transformer en les décomposant ou en les unissant, les prolonger en tout sens aussi loin que l'œil peut les suivre; s'en servir pour éclairer l'énigme du dehors, et de tout ce qui est ravi à celle-ci, faire à la lumière intérieure un contrôle et un nouvel aliment; en un mot, se connaître soi-même et connaître le monde : tel serait le cercle où la raison serait fatalement renfermée, si chacun de ces rayons n'aboutissait de toute part à l'infini, et si le nom de Dieu n'apparaissait sous chaque syllabe de l'énigme. Dieu est, en effet, le premier et le dernier mot de la conscience humaine et des choses; mais Dieu, ainsi que nous l'expliquait tout à l'heure saint Thomas, en tant que l'ordre créé nous le rend accessible ; je veux dire l'existence de Dieu et ceux de ses attributs que le miroir dont parle saint Paul reflète dans nos idées absolues et dans les autres perfections de ses œuvres. L'étude de Dieu, connu de la sorte, est donc une part nécessaire, et la plus haute, du patrimoine de la philosophie. Rien ne reste au delà, pour constituer à la théologie une sphère d'action et une raison d'être.

Au contraire, posez le fait de la révélation, aussitôt naît la théologie. Et d'abord, cette doctrine qui se donne pour la parole positive de Dieu, n'a-t-elle pas une prétention vaine? Dieu peut-il nous parler? Et s'il peut nous parler, à quel signe reconnaître sa parole? A-t-il, dans les secrets de sa puissance, quelque moyen d'inculquer à l'âme favorisée de ses communications la certitude que c'est bien lui qu'elle entend, et de subjuguer les autres par l'évidence publique de son intervention? C'est la thèse de l'inspiration et celle du miracle : thèses qui appartiennent à la philosophie, mais qui sont l'indispensable préliminaire de la théologie. Il importe de le dire, la philosophie se mutile elle-même, lorsqu'elle les néglige; elle dégrade la notion du Dieu personnel, elle sape le principe même du spiritualisme, lorsque, refusant à Dieu de pouvoir ce que nous pouvons en quelque degré, elle enchaîne, sous des impossibilités et des nécessités imaginaires, le libre exercice de la parole et de l'activité souveraines. C'est l'impérieux besoin de la théologie de sauver ces grandes thèses de l'oubli et de la négation, car elles sont, en même temps que le couronnement de l'édifice philosophique, les premières assises de celui qu'elle doit élever.

La théologie ne saurait, toutefois, se contenter de ce fondement théorique. De ce que la révélation est possible, il ne s'ensuit pas qu'elle existe. Il faut se demander si Dieu a réellement parlé aux hommes? quand? où? et ce qu'il leur a dit? Ce sont là de pures questions de fait. La philosophie proprement dite n'a point à les débattre ; elles sont du ressort de la critique historique. Mais la critique historique, comme la philosophie, est exercée par la raison. La raison proscrit le doute envers le témoignage humain revêtu de ses conditions légitimes. Elle ne permet point à l'homme de s'isoler de la vie universelle, en tranchant l'artère qui la lui apporte de tous les siècles et de tous les pays. Elle lui impose de respecter le lien de solidarité qui le fait citoyen de l'humanité, fils d'une patrie, membre d'une famille, ami de ses amis, molécule active et passive de toutes ces sociétés auxquelles il appartient par le sang et par l'âme. C'est encore la raison qui pèse la valeur des témoins et qui discute celle des monuments. Philosophe tout à l'heure, historien maintenant, jusqu'ici le théologien n'a pour instrument et pour criterium que la raison.

Il ne l'abandonne pas, lorsqu'autour des affirmations directes de l'histoire, il accumule des preuves puisées à d'autres sources. Le vrai engendre nécessairement le bien. Il est donc rationnel de juger une doctrine par ses conséquences morales dans l'individu et dans la société, pourvu que l'on tienne compte de cette remarque capitale, que la qualité des fruits ne dépend pas uniquement de l'arbre, mais aussi du sol dans lequel l'arbre est planté. On risquerait fort de se tromper en mesurant d'une manière absolue la vérité d'une doctrine par la vertu de ses adeptes, et surtout par le degré de supériorité des mœurs et des institutions publiques. Les milieux, plus ou moins inconsistants et rebelles, sont des causes fréquentes de retards et d'échecs. Il ne se peut néanmoins que la vérité ne produise pas quelque effet singulier d'amélioration, et qu'en certains terrains, moins réfractaires ou plus vigoureusement remués, elle n'atteste pas son énergie féconde. C'est ainsi, et avec cette intelligente largeur, que le phénomène de la sainteté chrétienne, et les progrès de la civilisation sous l'influence de l'Évangile, peuvent être invoqués en faveur du fait de la révélation.

D'autres s'appliquent à montrer que les solutions présentées par le christianisme répondent seules, d'une manière satisfaisante, aux problèmes économiques et sociaux, aux aspirations invincibles de l'homme vers le développement du bien-être et surtout de la justice. C'est encore un argument de raison. Car, si le christianisme est révélé, loin de contredire les nobles instincts déposés en nous par le Créateur comme une royale investiture, il doit nous aider dans la poursuite des biens dont ces instincts nous inspirent, à notre profit et au profit de nos semblables, l'ambition providentielle. La plus parfaite harmonie doit régner entre ses enseignements et les conditions prospères et équitables de notre destinée terrestre. Rien donc de plus légitime que de chercher dans cet accord une confirmation de la divinité du christianisme. Mais on sortirait évidemment de la rigueur logique, si l'on soutenait, avec quelques-uns, que toute doctrine qui rejette le fait de la révélation est par là même antiéconomique et antisociale. Cette doctrine pourra bien être telle dans ses résultats; elle ne l'est pas nécessairement dans ses principes. En effet, elle peut professer touchant ces objets les mêmes règles que le christianisme consacre, tout ce qui est de la nature humaine ayant sa règle dans la nature humaine, et le christianisme ne faisant, en ces sortes de matières, que s'approprier et revêtir d'une sanction nouvelle les principes gravés dans la conscience, recommandés par le cœur, et approuvés de la raison. Mais, dans la pratique, l'absence de cette sanction nouvelle pourra engendrer une diminution d'autorité, laisser les esprits plus flottants, les volontés moins résolues; et sans doute, à part les exceptions, le Ciel, plus prodigue envers ceux qui écoutent sa parole, ne dispensera pas sa rosée avec la même abondance à des champs privés de sa lumière. En thèse générale, l'homme seul ne verra pas et ne fera pas aussi bien que l'homme uni à Dieu par un commerce positif. Toutefois, la sincérité de l'âme, la trempe du génie, la différence de climat et d'éducation, les aptitudes de race et de personne, jouent encore ici un grand rôle. De même que, pour être chrétien, on n'est pas un économiste exercé ni un habile politique, de même, pour être un économiste exercé et un habile politique, on n'est pas nécessairement chrétien. Quelle que soit donc la vogue acquise par les tendances de notre époque à ce genre de démonstration, il en faut user sobrement, sous peine d'encourir cet arrêt : Qui veut trop prouver, ne prouve rien. En s'écartant de la raison, on ne fait que de la mauvaise théologie.

Pourquoi ne le dirais-je pas? C'est parce que l'apologétique contemporaine n'a pas toujours gardé cette sage modération; c'est parce que trop souvent elle a sacrifié à ces procédés accessoires le procédé principal, qui consiste dans la preuve historique, qu'elle n'a pas rattaché plus d'âmes, et avec plus de solidité, à la certitude de la révélation. Encore une fois, la révélation est un fait : elle doit se prouver comme un fait. C'est sur la preuve historique que les recherches individuelles et les discussions publiques doivent se concentrer. Les autres considérations ne sont pas inutiles; mais aux yeux de la raison, qui en détermine la mesure et la place, elles ne sont réellement probantes que lorsqu'elles viennent se surajouter à la preuve historique et la corroborer, comme des auxiliaires appuyés sur le corps de bataille. Qu'on revienne donc à cette antique méthode, j'ai hâte de le dire, toujours en honneur et en vigueur dans cette Faculté, dont j'ai la conviction de n'être en ceci que l'écho. Qu'on y revienne, et le succès est certain. Ce qui est selon la raison ne vieillit point, ou du moins, s'il vieillit, ne dépérit jamais.

Telle est l'avenue magistrale, flanquée de contre-allées qui la rendent plus attrayante et plus facile, en la faisant plus large, par laquelle la raison mène le théologien au temple de la Révélation. Mais sur le seuil du temple, dans le temple même, nouveau Dante, le théologien se séparera-t-il de son premier guide? lui dira-t-il un éternel adieu? Pareille à Béatrix, la foi sera-t-elle seule désormais à diriger ses pas et à fixer son regard? N'en croyons rien. La raison, qui conduit à la certitude de la révélation, ne s'évanouit point au contact de la foi. Elle subsiste auprès d'elle, pour entendre ses oracles, pour en creuser le sens, pour pénétrer de clarté en clarté jusqu'au fond de son sanctuaire, pour la défendre, enfin, et la couvrir d'un rempart inexpugnable.

II.

La foi suppose, en effet, la raison, non-seulement comme préambule, mais comme récipient. L'homme ne serait pas apte à la révélation, s'il n'était premièrement raisonnable. De là, messieurs, la condamnation de ces rêveries étranges d'après lesquelles la raison ne serait qu'un dérivé de la révélation. La révélation n'est possible qu'à condition d'être reçue dans une intelligence, et si Dieu pouvait, oublieux de sa sagesse, parler à une créature irrationnelle, sa parole la frapperait en vain, semblable à la parole humaine que le rocher renvoie à son auteur sans en rien retenir. Nécessaires pour que la parole de l'homme ne fasse pas retentir à nos oreilles une sonorité vide, les principes de la raison ne le sont pas moins pour que la parole de Dieu éveille en nous des idées. Je retrouve donc la raison en acte jusque dans l'acte même de la foi.

Ce rôle actif de la raison dans la foi n'est pas en faveur, je le sais, messieurs, parmi nos adversaires. A les entendre, nous abdiquons notre raison pour croïre, parce que, disent-ils, la raison a en soi le germe de tout ce que nous pouvons connaître, et que, par conséquent, nous entretenir de vérités supraratíonnelles, c'est nous parler un langage radicalement inintelligible. Dès lors la foi implique contradiction dans l'être raisonnable. Si elle n'est pas une hypocrisie, elle est un cauchemar. Croire, c'est cesser de penser, c'est fermer les yeux à la lumière et devenir le jouet de nocturnes fantômes que le moindre rayon dissiperait. Mais en niant la possibilité de la foi au nom du monopole intellectuel de la raison, cette argumentation rend elle-même un hommage à l'intime alliance que je viens de signaler.

Au surplus, il n'est pas exact que la raison ait en soi le germe de tout ce que nous pouvons connaître. Elle intervient dans toute connaissance, mais elle n'est point l'unique source de toute connaissance. Ce qu'elle nous découvre par elle-même, ce sont les principes éternels, absolus, nécessaires, qui sont sa lumière essentielle. C'est encore la série des déductions logiques qui découlent de ces principes, indépendamment de tout concours étranger. De tout cela, mais de cela seulement, les germes sont en elle. Au delà de ces limites, naissent les autres sciences. Celles-ci lui empruntent leurs points d'appui et leurs règles. Mais elles ont pour objet des vérités auxquelles la raison, réduite à elle-même, est incapable d'atteindre. Emprisonnez la raison loin des sens ; le monde entier disparaît, et du même coup toutes les sciences physiques. Mettez-la, au contraire, en face de la nature ; elle est sollicitée par des curiosités auparavant inconnues, elle voit ce qui lui était caché, elle entend peu à peu ce qu'elle ne soupçonnait pas. Que maintenant, au lieu de la nature, ce soit la révélation qui se présente à nous, et vous comprendrez sans peine qu'il est une place, non-seulement possible, mais nécessaire pour la foi, et, à sa suite, pour la théologie.

Si les vérités révélées ne différaient pas des vérités naturelles, la foi ne serait, il est vrai, qu'une redite de la raison, mais une redite bienfaisante et vénérable ; et la théologie aurait droit à nos plus studieuses méditations, comme un appendice important et, passez-moi cette expression trop scolaire et peu française, comme un divin *confirmatur* de la philosophie. Mais la révélation nous transporte dans une sphère interdite à l'essor le plus hardi de la raison ; elle entr'ouvre devant nous la lumière inaccessible où Dieu habite ; elle nous fait assister aux libres épanchements de son activité et à la nécessaire évolution de sa vie. Ce problème de la vie divine, que toutes les philosophies se sont posé, et devant lequel toutes ont confessé leur impuissance, ou sont tombées dans les plus monstrueuses erreurs, comme foudroyées par la gloire qu'elles avaient voulu pénétrer, la révélation nous en livre le secret dans l'auguste mystère de la Trinité : une seule nature et trois personnes, l'Être éternellement et infiniment actif en lui-même. Elle nous apprend encore à quelles résolutions Dieu s'est librement arrêté, quelles démarches il a librement accomplies, comment et pourquoi l'incarnation du Verbe, en un mot, toute l'histoire des rapports positifs et surnaturels de Dieu avec l'humanité. Or, pas plus sur ce second ordre de faits que sur la vie divine elle-même, la raison ne peut élever aucune prétention. Dieu seul a conscience de sa vie; seul aussi, il a conscience des déterminations de sa liberté. C'est là, comme le disait saint Thomas, ce qu'il connaît seul de lui-même, et qu'il communique aux autres, quand il lui plaît, par la révélation. La foi a donc un objet propre, parfaitement distinct de celui de la raison, et, chose remarquable, constitué comme celui-ci de deux sortes de vérités : des vérités nécessaires, celles qui concernent la vie intime de Dieu; et des vérités contingentes, celles qui émanent de son activité libre.

Mais, au rebours de ce qui est dans le domaine de la raison, ces deux sortes de vérités jouissent, dans celui de la foi, du rang et de l'autorité de principes premiers. Sans doute, considérées en elles-mêmes, elles forment un système, elles ont une ordonnance hiérarchique, que la raison aperçoit, et dont l'une des tâches de la théologie est de dérouler l'enchaînement. Mais, au point de vue de la foi, parce qu'aucune d'elles ne tire son évidence ni de soi ni de sa relation logique avec une autre, parce que toutes n'ont d'évidence à nos yeux que celle que leur confère la parole de Dieu, parce qu'elles s'enracinent toutes directement dans la certitude et dans l'infaillibilité de la révélation, toutes remplissent également dans la théologie la fonction dévolue aux premiers principes dans la philosophie. La théologie a pour base indiscutable les vérités de foi; elle a pour instrument la raison.

Et tout de même que les sciences engendrées et illuminées par les premiers principes de la raison les rendent plus éclatants et plus féconds, de même la théologie, engendrée et illuminée par les vérités de foi, porte à son tour la lumière dans leurs obscurités, et, je n'hésite pas à le dire, les range sous la loi du progrès, qui est la loi universelle.

Assurément, le dépôt de la foi ne varie point. Avec la dernière ligne des saintes Écritures et avec la dernière parole inspirée des apôtres, la révélation est entière. Nul n'y peut retrancher, nul n'y peut ajouter. Mais en combien de sens n'est pas flexible un texte écrit ! et de quel alliage, difficile à discerner, n'a pas pu se charger la tradition orale! C'était là, en effet, le grand péril de la révélation. Dans les siècles antérieurs à Jésus-Christ, elle s'était altérée, par des causes analogues, chez toutes les nations. Seul, le peuple hébreu l'avait conservée telle que, pour la sauver d'une corruption universelle, Dieu l'avait renouvelée à Abraham et à Moïse. Mais à quel prix! Il avait fallu que le ministère des prophètes et des thaumaturges, destiné sans aucun doute à la compléter, ne cessât de consacrer ce qui en était déjà confié à la tradition orale et à l'Écriture. Et malgré cela, que de perversions Jésus-Christ relève dans la tradition des scribes et des pharisiens, que ceux-ci appellent la tradition des ancêtres, *traditionem seniorum*[1], et dont il fait, lui, ressortir l'opposition au commandement de Dieu : *Quare et vos transgredimini mandatum Dei propter traditionem vestram*[2] ! Se pouvait-il que, de la même main qui en achevait l'ouvrage, Jésus-Christ abandonnât la révélation, sur une mer semée des mêmes écueils, à la fatalité des mêmes naufrages? Telle est l'origine de l'autorité doctrinale établie dans l'Église. Sa mission n'est pas d'enseigner aux hommes toute vérité de tout ordre et de tout caractère, mais uniquement de maintenir intact le dépôt de la foi. Le nom même que portent ses décrets le proclame : ce sont des *définitions*, c'est-à-dire qu'ils marquent la limite de la révélation, la limite, par conséquent, où la liberté des opinions rencontre l'obligation de croire. La révélation est donc entière depuis Jésus-Christ et les apôtres, et l'autorité doctrinale dont l'Église est investie n'est que le moyen conservateur de cette intégrité.

Aussi, messieurs, ne sommes-nous point troublés par certaines éventualités chimériques, dont on cherche à propager la crainte, et sur lesquelles on nous demande souvent de nous expliquer. L'Église ne peut rien définir de contraire à la raison humaine, car la révélation, qui est la parole de Dieu, ne peut contredire en aucun point la raison, qui est un reflet de Dieu. Les définitions de l'Église ne peuvent que venir en aide à la raison contre ceux qui, abusant de son nom et de son légitime prestige, s'efforcent de l'ensevelir dans

1. Évangile de saint Matthieu, ch. XV, v. 2.
2. *Ibid.*, v. 3.

la négation ou du moins dans le doute. C'est le service, trop méconnu, que l'Église a toujours rendu à la philosophie. C'est celui que, malgré tant d'imputations injustes, elle lui rendra jusqu'au bout. Et parce que la vérité est mère de la civilisation, la civilisation fleurira, libre et prospère, sous le double rayonnement des vérités naturelles promulguées par la raison, et des vérités surnaturelles définies par l'Église.

Mais la raison ne vit pas seulement avec la foi dans cet inviolable concert. Nous l'avons vue agir dans l'acte de foi individuel. Elle a aussi une part active dans les définitions, qui sont l'acte de foi social. L'infaillibilité des définitions a pour fondement le privilége accordé à l'Église de ne point errer dans la foi; d'où, par une conséquence manifeste, la promesse faite au ministère divinement institué pour formuler les vérités révélées, de ne point en fausser l'expression, lorsqu'il prononce en matière de foi. Le Saint-Esprit, répandu dans tout le corps, et, si je puis parler de la sorte, concentré dans cet organe supérieur d'une manière toute spéciale pour en assurer le fonctionnement régulier, est l'artisan principal de l'infaillibilité. Mais il n'opère pas seul; le cycle de la révélation est clos; il n'y a plus d'inspiration proprement dite; il n'y a qu'une assistance efficace. Ce mot d'*assistance* implique, du côté de l'homme, un effort, un travail. C'est d'abord la prière, la prière de l'Église universelle qui, la maintenant dans la dépendance de l'Esprit, y maintient les agents de l'infaillibilité, quelles que soient d'ailleurs leurs dispositions personnelles. C'est ensuite l'étude, car la prière ne se rapporte qu'à l'assistance divine, qui suppose, comme je viens de le dire, en celui qui en est l'objet, une opération proportionnée au but qu'il s'agit d'atteindre. Ce but est le discernement de la vérité révélée, contenue dans l'Écriture et dans la tradition. Il faut donc étudier la tradition et l'Écriture; il faut étudier scrupuleusement aussi les systèmes suspects d'opposition à la foi, une délicate analyse étant souvent indispensable pour en déterminer le vice avec exactitude. Il y a là un nécessaire exercice de la raison, lequel constitue l'essence même de la théologie, selon cette parole de saint Thomas : « Juger des choses divines, par voie de connaissance, est le propre de la doctrine sacrée, conquise par l'étude, bien que les principes en soient donnés par la révélation[1]. » Et de même que la prière, qui appelle l'assistance de l'Esprit, n'est pas la prière des seuls dépositaires de l'autorité doctrinale, mais la prière universelle de l'Église; de même l'étude, qui élabore les définitions, n'est pas seulement l'étude personnellement faite par ceux qui jugeront, mais l'étude universelle, le mouvemeut même de la théologie dans l'Église.

Or, les définitions, sans rien innover dans la foi, la précisent, comme la parole précise la pensée. Ce qu'il y avait d'indécis et de vague, et qui ouvrait carrière aux interprétations divergentes, se *définit,* selon la force même du mot. Les contours s'accusent, les issues vers l'erreur se ferment, les dogmes révélés se dégagent plus nettement de l'inertie de la lettre et des ombres de la gestation traditionnelle. Mieux instruit de ce que la révélation défend de dire et de ce qu'elle affirme, on pénètre plus avant dans ses replis; et de ces replis où elles dormaient latentes et crues d'une foi implicite, comme les théorèmes inexplorés sont dans l'axiome mathématique, émergent des vérités qui, sans augmenter le trésor primitif, en manifestent les richesses, et qui étendent l'empire de la révélation, sans l'accroître. Que cette notion de l'autorité doctrinale ressemble peu à ces capricieuses et tyranniques images par lesquelles nos adversaires s'acharnent à la défigurer! J'ai dit dans quelle mesure, par l'étude des monuments et des systèmes, la raison humaine, sous le nom de théologie, participe à son œuvre.

La théologie, et cela même concourt au résultat qui vient d'être indiqué, poursuit encore l'intelligence des vérités de l'ordre surnaturel par l'analogie des vérités de l'ordre naturel. Certaines réalités de ce dernier ordre sont, d'ailleurs, tellement incorporées à la sub-

1. *Summa theologica,* P. I, q. 1, art. 6, ad 2um : « Secundus autem modus judicandi (per modum cognitionis, sicut aliquis instructus in scientia morali posset judicare de actibus virtutis, etiamsi habitum virtutis non haberet) pertinet ad hanc doctrinam, secundum quod per studium habetur, licet ejus principia ex revelatione habeantur. »

stance même de la plupart des mystères chrétiens, que l'on n'aura jamais de ceux-ci qu'une idée très-imparfaite, tant qu'on ne se fera pas de celles-là une idée juste. Et comme les attaques dirigées contre les dogmes, lorsqu'elles ne sapent pas la base historique de la révélation, procèdent toujours soit des sciences, soit de la philosophie, force est au théologien de savoir ce qu'il en est des unes et de l'autre; car les dogmes étant dépouillés pour nous d'évidence intrinsèque, ce n'est que dans l'arsenal même où s'arme l'agression que la défense peut prendre ses moyens. On le voit donc, le rôle de la raison grandit. La théologie tient ici la philosophie et les autres sciences étroitement embrassées, non pour leur imposer des solutions, qu'elle leur emprunte au contraire, mais afin de s'éclairer de leurs lumières et de construire avec leurs matériaux. On ne peut ouvrir la *Somme théologique* de saint Thomas, sans être frappé du culte professé par le grand docteur pour la philosophie. De quel respect, de quelle vénération n'entoure-t-il pas le Maître qui, dans l'estime de l'école, personnifiait la raison! Je n'ignore point que la fidélité au *dixit philosophus* est, à juste titre, réputée peu philosophique par nos contemporains, bien que ceux qui la blâment dans le passé jurent eux-mêmes journellement sur la parole de maîtres moins autorisés qu'Aristote. Au temps de saint Thomas, l'ancienneté d'une doctrine n'était pas encore une cause de répudiation sans examen et sans appel; la nouveauté d'une opinion ne passait pas encore pour une preuve irréfragable de sa vérité; on était moins frondeur envers le génie, plus en garde contre les improvisations superficielles. Quoi qu'on en dise, même aujourd'hui, ce ne sont pas là des défauts, pourvu que la déférence ne tourne pas à la servilité, et que l'on sache s'affranchir quand la probité de l'esprit le demande. Saint Thomas a laissé plus d'un exemple de cette sage indépendance; il a su quitter, pour obéir à sa propre raison, les sentiers tracés par la raison du maître et suivis par celle des disciples. Toujours est-il qu'il a fait à la philosophie une place immense dans sa théologie.

Mais c'est des sciences, telles qu'on les connaissait alors, ou plutôt telles qu'on croyait les connaître sous le nom de *Physique*, qu'il serait curieux d'étudier l'influence sur maintes théories de la *Somme*. Toutes les fois que les sciences sont intéressées, et elles le sont souvent, soit par la nature du mystère, soit par ses affinités et ses analogies, la Physique d'Aristote est invoquée comme une autorité souveraine. Le tort des successeurs de saint Thomas ne saurait être de pratiquer à l'égard de la science le même culte que lui ; mais il serait de ne point modifier des opinions théologiques dictées autrefois par la science, après que la science a reconnu ses erreurs. Grâce à Dieu, les théologiens dignes de ce nom ne s'attardent point dans l'ornière, et si toutes les transformations que les découvertes modernes ne peuvent manquer d'introduire en quelques points de la théologie ne sont pas encore opérées, c'est qu'un grand nombre de ces découvertes sont plutôt en voie d'enfantement qu'à l'état de doctrine acquise définitivement. La théologie n'a pas à devancer les sciences. En le faisant, elle ne faillirait pas moins à son devoir qu'en s'obstinant à repousser leurs résultats avérés.

Dieu, en effet, a distribué aux différentes sciences le champ de la vérité, parce qu'il n'y a point d'homme qui ait le temps, ni la capacité de le cultiver tout entier. A chaque science, donc, son objet propre : à la théologie, l'étude et la défense de la révélation ; à la philosophie et aux autres sciences d'approfondir les secrets du monde, de la nature humaine, tant spirituelle que corporelle, et ce que la raison peut connaître de Dieu par ses propres ressources. A chacune, ses procédés, la liberté de son développement, et, de la part de toutes, le respect de ses conquêtes. Mais à toutes le profit des travaux de chacune ; car, au fond, la science est une, comme la vérité.

Et cette loi de la division du travail, qui fait rayonner les sciences dans toutes les directions, s'applique encore en chacune d'elles par la diversité des branches et la diversité des écoles. Chaque branche est livrée à une exploitation particulière qui concourt au bénéfice général. En outre, les aspects des choses sont si nombreux, les aptitudes individuelles des hommes si variées, et cependant si bornées, que de la rencontre des hommes et des choses surgissent naturellement des points de vue exclusifs d'abord, bientôt des systèmes opposés, et finalement des écoles rivales. Il serait sans doute infiniment préférable que le génie humain enveloppât d'un œil sûr toute la vérité; mais puisque la Providence en a disposé autrement, il est bon que la vérité se morcelle au gré de notre infirmité, que la science totale se ramifie dans les sciences partielles, que chacune de celles-ci donne naissance à des branches spéciales, et qu'enfin chaque école s'attache, pour la mieux connaître, à une face du vrai. L'analyse est le berceau de la synthèse.

Or, la théologie n'échappe pas à cette condition. Elle a des branches distinctes, nourries de la vie commune dont elles alimentent à leur tour la richesse. Elle a aussi des écoles; elle en a eu, elle en aura toujours. Si parfois leurs luttes ont pu et si elles peuvent encore dégénérer dans le cœur des hommes en obstinations et en inimitiés, toujours néanmoins les écoles ont rempli, toujours elles rempliront leur tâche providentielle. C'est pourquoi l'Église a toujours respecté, toujours protégé leur initiative. Salutaire discipline, à laquelle les scrupuleux égards du concile de Trente ont élevé un monument immortel. En agissant ainsi, le concile de Trente rendait hommage aux services du passé et à ceux de l'avenir, sachant ces deux choses : la première, que le progrès est la loi de la théologie, parce qu'il est la loi de la philosophie et des sciences, la loi même de la raison; la seconde, que les progrès de la théologie s'accomplissent, sous l'autorité de la foi, par la liberté des écoles.

Loin donc qu'il y ait entre la raison et la théologie l'irréconciliable divorce que nos adversaires prétendent, et que certains d'entre nous, par leurs vues systématiques, semblent s'être donné la triste mission d'accréditer, toutes les sciences sont les auxiliaires de la théologie, surtout la critique historique et la philosophie. Saluons donc, messieurs, dans cette fête de la théologie, à la veille du jour où elle va reprendre ici le cours de ses travaux, saluons toutes les sciences; saluons particulièrement la critique historique et la philosophie : la critique historique, qui affermit le terrain sous ses pieds; la philosophie, qui éclaire ses premiers pas et toute la suite de ses démarches. Et lorsque je parle de la critique historique et de la philosophie, je n'entends pas ces partis extrêmes qui plient et mutilent l'une et l'autre au gré de leur hostilité ou de leur servilité. J'entends la critique historique qui n'a point pour règle que tout est vrai qui abonde dans un sens, que tout est faux qui s'en écarte, mais dont la loyauté respecte la vérité des faits à l'égal de la vérité des doctrines. J'entends la vraie philosophie, la philosophie du spiritualisme, cette « alliée naturelle de toutes les bonnes causes[1], » comme l'a écrit le maître illustre dont la mémoire sera toujours l'hôte vénéré de ces murs, et dont il me semble que la vieille amitié, du monde invisible où il habite, sourit à ma parole. Cette philosophie, prise en elle-même, n'a pas de tort; elle ne peut pas en avoir : ses représentants seuls peuvent avoir celui de ne pas la suivre jusqu'au bout. Quant à elle, elle est l'alliée naturelle et nécessaire de la théologie. Et comment n'en serait-il pas de la sorte, lorsque tout le christianisme se résume dans ces mots de saint Paul : « Ceux dont Dieu a prévu et prédestiné la conformité à l'image de son Fils, il les a appelés; et ceux qu'il a appelés, il les a justifiés; et ceux qu'il a justifiés, il les a glorifiés[2]? » Le Christ, Dieu et homme, est le type du chrétien. De même que le Christ possède, en vertu du lien hypostatique, la nature divine, de même le chrétien est divinisé par la grâce. Mais dans cette apothéose du chrétien par la grâce, la nature humaine subsiste, avec tous ses droits et toutes ses énergies, comme dans le Christ la divinité n'absorbe ni ne détruit l'humanité. Ni dans la vie intime de l'âme, ni dans la vie sociale, ni dans la vie doctrinale, le chrétien ne doit point absorber l'homme, ni l'homme se séparer du chrétien. Mais sur quelque théâtre qu'il se produise, le chrétien doit apparaître homme de la nature divinisé par la grâce, semblable au Christ qui est tout ensemble homme parfait et Dieu parfait. Ainsi, sans se nuire et sans se confondre, la révélation et la raison sont inséparablement unies dans la théologie.

1. Victor Cousin, *Du Vrai, du Beau et du Bien*, avant-propos, p. VIII; Paris, librairie académique, douzième édition revue, 1867.

2. Épître aux Romains, ch. VIII, v. 29-30 : « Quos præscivit et prædestinavit conformes fieri imaginis Filii sui, hos et vocavit; et quos vocavit, hos et justificavit; et quos justificavit, hos et glorificavit. »

Discours de Mgr l'Archevêque de Paris.

Monseigneur l'évêque de Sura voudra bien me permettre de le féliciter de ses efforts intelligents pour le progrès des sciences théologiques, et pour tout ce qui intéresse la Faculté dont il est le savant et vénéré doyen. Il m'est très-agréable de trouver l'occasion de lui exprimer publiquement mes sympathies respectueuses. J'offre aussi l'expression de ma gratitude aux personnages considérables, et notamment à M. le Ministre de l'Instruction publique, qui ont bien voulu honorer cette fête de leur présence et témoigner par là de leur estime pour les études qui nous occupent ici. Je tiens à remercier enfin le nouveau professeur qui vient d'inaugurer sa mission par un discours si opportun et si brillant sur le rôle de la raison dans la théologie. Il a joint l'exemple au précepte.

Je nomme son discours opportun; car plusieurs de nos contemporains semblent croire que la foi tue la raison et réciproquement, et ils partent de là pour s'imaginer peut-être qu'ils rendent service au genre humain en le débarrassant de la religion. Or, rien n'est plus judicieux, rien n'est plus utile que de combattre ce préjugé erroné et funeste. C'est ce que l'orateur vient de faire sentir et ce que je voudrais appuyer de quelques mots devant cet auditoire, si capable de comprendre et de respecter tout à la fois les droits de la raison et les droits de la religion.

L'intelligence nous a été donnée en partage : assurément ce n'est pas pour ignorer la raison des choses, mais bien plutôt pour la connaître ou du moins pour la chercher. Or, de toutes les choses dont il est possible et nécessaire d'avoir la raison, notre existence est la première et la plus importante. Si ce problème radical n'est pas résolu, tout reste indécis et ténébreux, et la vie manque d'une direction assurée. Si au contraire on arrive à s'en rendre un compte exact, la lumière qui jaillit de ce point se répand sur tous les autres; elle éclaire le chemin que nous avons à suivre, et nous permet de voir ce que nous devons aimer et faire.

Ainsi, à quoi bon notre intelligence et notre liberté? Que nous veulent la société domestique et la société civile avec leurs devoirs et leurs droits? Quelle est la source et la raison du commandement et de l'obéissance? D'où vient la vie et où mène la mort? A ces questions qui s'élèvent de tous les horizons de notre esprit, qui se montrent quand on ne les cherche pas et reviennent quand on les a chassées, qui vous jettent un défi implacable tant qu'elles ne sont pas résolues, à ces questions il y a des réponses catégoriques, certaines, raisonnables; et c'est la religion qui les donne, qui les explique et les démontre.

Oui, elle les démontre, comme toutes les sciences font leurs démonstrations, par une méthode et des arguments qui lui sont propres. Vous ne prouvez pas les théorèmes de la géométrie par le témoignage et le sentiment, ni les faits de l'histoire et les vérités de l'ordre moral par des calculs mathématiques. En ce qui regarde les beaux-arts et les lettres, vos assertions les plus magistrales et votre enseignement le plus didactique ne présentent rien qui rappelle les formes rigoureuses de la géométrie; et en ce qui regarde le droit, la médecine, les sciences naturelles, vous relevez de votre expérience et de l'expérience des autres, de votre raison particulière et de la raison générale, tous éléments qui entrent pour une quantité différente dans vos convictions et vos discours, et qui sont loin de leur imprimer le caractère d'une démonstration apodictique.

Eh bien, la religion ne procède pas autrement; elle participe à la nature de diverses sciences, puisqu'elle est un ensemble de faits, d'idées et de lois, et elle démontre les vérités qui lui sont propres, par les méthodes et les procédés d'investigation, de critique et d'exposition qu'on emploie dans les sciences analogues, dans l'histoire, la philosophie et le droit. Ainsi que vient de le rappeler l'éloquent orateur, la religion commence par appuyer sur des témoignages irréfragables les faits qui servent de base à la croyance; puis elle expose ses enseignements théoriques et elle en donne une vue, une explication qui satisfait les esprits suffisamment attentifs et sincères; enfin elle vérifie ses préceptes, soit en les discutant au fond, soit en signalant les résultats pratiques qu'ils déterminent au sein des races humaines. Par tous ces côtés, la religion est, pour le moins, aussi raisonnable que les autres sciences.

Mais ce n'est pas assez dire : la religion présente un caractère plus hautement raisonnable encore, puisque non contente de répondre directement aux propres exigences de la raison, à notre faculté de connaître et de raisonner, elle répond en outre aux aptitudes, aux besoins et aux instincts de l'âme humaine tout entière, ce qui est assurément la plus complète satisfaction que puisse obtenir la raison. Et en effet, la religion, comme elle s'adresse à votre esprit, s'adresse aussi à votre cœur blessé dès l'origine et souffrant d'une plaie qui saigne toujours; elle s'empare de vos affections, les purifie et les ennoblit, en les retournant vers le ciel; à votre besoin d'aimer, elle offre Dieu, c'est-à-dire, celui-là même qui est vérité, justice et beauté, et qui seul peut apaiser cette faim et cette soif de bonheur, charme et tourment de votre grande nature créée pour l'infini. Elle répond encore aux besoins de votre vie individuelle et sociale, en se mêlant à toutes les réalités de la terre, pour les expliquer, les adoucir et les transfigurer. C'est ainsi qu'elle bénit votre naissance, éclaire et dirige votre jeunesse, vous anime dans les luttes austères de l'âge mûr, empêche ou tempère l'orgueil de l'heureuse fortune et les découragements de l'adversité, console dans l'agonie et corrige la naturelle horreur du tombeau par ses promesses de glorieuse immortalité. C'est ainsi enfin qu'elle règle et détermine les devoirs et les droits sociaux, les rapports mutuels des riches et des pauvres, de ceux qui commandent et de ceux qui obéissent, et qu'elle instruit les uns et les autres à se tenir également loin de la violence et de la peur, de l'insolence et de la servilité, et à porter dans le maniement des hommes et des choses, la justice, la charité, le respect, le dévouement et le souci de la dignité personnelle.

Qu'y a-t-il donc de plus raisonnable? et quelle science et quelle doctrine peuvent mieux soutenir le contrôle de la raison spéculative et les épreuves de la raison pratique? Je le sais : plusieurs répètent que la religion est contraire à la liberté, à la science, au progrès, et par conséquent à la raison. Ce n'est pas le lieu, ce n'est pas le moment non plus de réfuter ces graves erreurs; je me borne à faire observer qu'elles ne sont qu'un préjugé de la passion ou le résultat de regrettables malentendus.

Et d'abord, si l'on ne croit pas, ce n'est pas à force de raison; c'est bien plus souvent à force de passions. Supprimez deux ou trois commandements de Dieu et de l'Église, et beaucoup d'objections vont s'évanouir. Je ne serai pas contredit par les hommes qui font des études de philosophie morale, et qui vivent avec la nature humaine.

Ensuite, quant aux malentendus, voici d'où ils viennent. Si les mots étaient pris dans leur sens abstrait, en dehors des systèmes et des hommes qui les représentent, il n'y aurait plus aucune difficulté. Il est notoire, en effet, que la religion ne repousse pas la liberté, la science et le progrès; elle y croit au contraire, et même elle en use. Mais on prend les mots dans un sens concret, déterminé par une doctrine et par les hommes plus ou moins autorisés qui la professent et la défendent. Dès lors les significations, bien qu'elles ne soient pas radicalement contraires, sont néanmoins différentes et d'une portée diversement étendue. Ainsi tous se déclarent pour la liberté, mais chacun désire qu'elle soit moins limitée pour lui et plus limitée pour les autres. Personne ne repousse la science, mais beaucoup y voudraient un peu plus d'orthodoxie, et quelques-uns trouvent qu'il y en a déjà trop. Le progrès nous est cher à tous, mais plusieurs regrettent que le progrès moral ne suive ou ne précède pas le progrès matériel, et ils y voient un péril pour la société. Les dissentiments ne portent donc pas sur l'essence des choses, mais plutôt sur leurs limites respectives, sur leur quantité et sur leur intensité. C'est quelquefois une question de détail, de nuances et de personnes.

Pour moi, il me semble que si les malentendus se produisent, c'est que les questions sont débattues par des hommes incompétents et peu maîtres d'eux-mêmes. Si elles ne descendaient jamais de la hauteur des principes, il y aurait beaucoup moins de difficultés;

mais l'amour-propre et l'intérêt personnel s'en mêlent, et dès lors les hommes s'y précipitent avec toute l'âpreté de leurs passions surexcitées et de leurs intérêts compromis. Plusieurs regardent donc la religion comme contraire à la liberté, à la science, au progrès, parce qu'ils n'ont pas trouvé et peut-être pas cherché quel sens la religion attache à ces termes si complexes. Et si je voulais résumer d'un mot l'impression que me cause le spectacle de ces querelles, et formuler une règle pour les juger, je dirais : « Certains hommes qui défendent la religion ne feraient pas mal d'avoir un peu plus de raison, et certains hommes qui se croient les représentants de la raison feraient bien d'avoir plus de religion. » Du reste, quoi qu'on puisse penser des personnes, si l'on envisage les choses en elles-mêmes, ce qu'il faut affirmer, c'est que la raison est essentiellement religieuse, et la religion éminemment raisonnable. Voilà pourquoi j'ai pu dire justement que les objections ne viennent guère que de malentendus.

Hommes d'intelligence et de cœur qui me faites l'honneur de m'écouter, il vous appartient de conjurer les périls que nous vous signalons, d'unir vos efforts généreux et de marcher ainsi à la conquête et à l'affermissement des grands intérêts qui vous préoccupent, la liberté, la science et le progrès, toutes choses qui ont leurs lois, leur mesure, leur sanction dans l'alliance de la raison et de la religion, comme on vient de l'expliquer tout à l'heure. Qu'il me soit donc permis, en terminant, de faire du meilleur de mon cœur des vœux pour la conclusion et le maintien de cette alliance qui contribuerait si heureusement à la paix intérieure et à la force morale de mon pays. Que ces paroles de conciliation soient entendues et acceptées, et que nous soyons tous d'accord pour faire avancer l'esprit humain dans les voies providentielles où il est engagé sous l'œil et l'action de Dieu, qui ne fait jamais défaut aux hommes de bonne volonté comme j'en vois un si grand nombre dans cette assemblée !

www.ingramcontent.com/pod-product-compliance
Ingram Content Group UK Ltd.
Pitfield, Milton Keynes, MK11 3LW, UK
UKHW032019260826
14628UKWH00006B/2576

9 782014 450842